LA
PAUVRE ORPHELINE
DE L'ALSACE

PARIS
IMPRIMERIE NOUVELLE (ASSOCIATION OUVRIÈRE)
14, RUE DES JEUNEURS, 14

1878

LA
PAUVRE ORPHELINE
EN VALSACE

PARIS
[illegible imprint]

1878

LA
PAUVRE ORPHELINE

DE L'ALSACE

C'était de grand matin, le soleil naissant lançait ses premiers rayons sur les sommets des édifices de la grande cité restée debout pour raconter à la postérité les crimes d'une guerre impitoyable.

Assise sur un monticule de ruines, Louise-Blanche contemplait sa ville natale, qui ne présentait plus qu'un amas de décombres encore fumants. Pauvre fille! elle pleurait devant le spectacle lugubre de sa patrie pillée, dévastée, incendiée. Comment retrouver, dans cette solitude de pierres éparses et encore teintes du sang des Alsaciens, les débris de la chaumière que ses ancêtres avaient bâtie avec tant de peine et si longtemps habitée? Le petit jardin arrosé des sueurs de son père, les jolies fleurs plantées par sa mère, tout cela avait été labouré, déchiré par le boulet, et la flèche de Strasbourg, cette aiguille hardie qui va dire aux nues ce que peut le génie du travail, fortement ébranlée par les bombes, menaçait de tomber et d'écraser dans sa chute l'un des plus beaux monuments de l'univers.

Si encore Louise-Blanche pouvait retrouver un parent, un ami, parce que son père, dont elle n'avait plus entendu parler depuis l'origine de cette guerre impie, avait été tué sans doute à la défense de son pays; et ces sombres pensées l'accablaient de tout le poids d'une douleur écrasante. Enveloppée dans un méchant fichu, la figure dans ses mains amaigries par de cruels chagrins, elle versait des torrents de larmes.

Un homme, qui l'observait en silence depuis quelques instants, s'approche doucement :

— Vous souffrez, Mademoiselle, lui dit-il. Peut-être êtes-vous malade?

— Ah oui! et bien malade. Comment pourrais-je ne pas souffrir devant ce lugubre spectacle, devant ce cimetière des miens ?...

— Dites des nôtres, Mademoiselle; nous tous, enfants de l'Alsace, nous avons des pères, des frères, des amis ensevelis sous les ruines de Strasbourg, et notre chère patrie, jadis si florissante, n'est plus qu'un amas de décombres. Nos guérets ont été arrosés du sang des nôtres. Nos vignes arrachées, nos moissons brûlées, nos villes dévastées et ruinées, nos campagnes et nos chaumières incendiées ne nous rappellent plus que des souvenirs de deuil.

Je suis de Mulhouse, cité jadis prospère et riche par son industrie; aujourd'hui, les filatures ne vont plus, et des milliers de pauvres ouvriers, amaigris par la faim, se traînent dans les rues désertes en demandant un morceau de pain à d'aussi pauvres qu'eux. Partout la misère vient se heurter contre la misère, et cette population généreuse, tendant ses bras décharnés vers la France, appelle en sanglotant sa mère-patrie, écrasée elle-même sous le fer de la force brutale.

O guerre, ce sont là tes coups! O empire des bonapartistes, ce sont là tes faveurs! Sois maudite à jamais, dynastie sacrilége des Napoléon, qui as arraché du sein de la France l'Alsace et la Lorraine!

— Oui, s'écrie à son tour Louise-Blanche en élevant les mains, que la race impie des Bonaparte, cause unique des maux irréparables de l'Alsace et de la Lorraine, soit à jamais maudite dans l'univers entier! et qu'elle traîne à travers les nations la honte, l'opprobre de notre deuil, de la lâcheté de Sedan, de l'infamie de Metz, et des profondes douleurs de la France!

— Mademoiselle, répond Pierre, le paysan, à vous du moins il reste peut-être encore quelques parents, mais moi qui n'avais que deux frères, j'ai eu le malheur de les perdre tous deux; ils ont été tués à Reischshoffen, et moi, j'ai été livré prisonnier à Metz par ce misérable Bazaine, ce traître dont le nom résume toutes les hontes; et maintenant me voilà seul sur la terre.

— Ah! je suis bien seule aussi sans doute. J'étais fille unique; dès que les Prussiens eurent envahi la France, mon père, ancien soldat, qui prévoyait les horreurs d'un siége, nous envoya, ma mère et moi, en Belgique :

— Vous êtes bonnes couturières, nous dit-il. A Bruxelles, vous pourrez vivre de votre travail. Inutile de vous faire tuer ici.

— Et toi? lui dit ma mère.

— Eh bien! moi, je prendrai un fusil, et jusqu'au dernier moment, je ferai mon devoir de soldat!

— Si tu es tué? répond ma mère en pleurant.

— Un Alsacien ne capitule jamais! il meurt en criant; Vive la France! La capitulation est le trait des lâches!

— Mais enfin, laisse-nous près de toi pour te soigner.

— Non, reprit mon père, vos soins me sont maintenant inutiles; ils me seraient même nuisibles si vous restiez; vous ne devez plus songer qu'à vous sauver: votre salut est le mien. Si notre fille était un garçon, je lui dirais : — Prends un fusil, et viens te faire tuer pour la France, à côté de ton père, sur les remparts de Strasbourg.

— Papa, lui dis-je en m'élançant dans ses bras, bien que je ne sois qu'une femme, je saurai près de toi mourir pour la France. Je suis une Alsacienne, et les Alsaciennes meurent, mais elles ne se rendent jamais!

— Fille chérie, me répondit mon père en m'embrassant, le devoir d'un Alsacien est de se faire tuer pour la France, mais le devoir d'une Alsacienne est de vivre pour la France. Tu es femme de cœur, eh bien! après la guerre, tu reviendras près de moi, ou tu légueras à tes enfants le patriotisme de leur grand-père, unique héritage que je te laisse.

Nous pleurions tous les trois; mais mon père avait une volonté de fer, et il fallut, ma mère et moi, prendre le chemin de la Belgique.

— D'où vous venez, sans doute?
— Je suis arrivée depuis hier soir, fort tard.
— Et où avez-vous passé la nuit?
— Sous cette poterne.
— Comment! une femme toute seule, dormir dans ces ruines?...
— Je n'ai point dormi, j'ai pleuré.
— Et votre mère est restée à Bruxelles?
— Oui, au cimetière, et je viens à Strasbourg chercher la tombe de mon père.
— Comment! votre mère est morte?
— Peu de temps après notre arrivée en Belgique; le chagrin l'a tuée.
— Et vous, comment avez-vous pu survivre à tant de douleurs?
— Je ne le sais, parce que tous les malheurs sont venus fondre sur moi, et il m'a fallu une santé bien robuste pour y tenir.
— Oh! racontez-moi vos peines, je vous prie; je ferai mon possible pour les soulager. Comme vous, je suis seul; comme vous, je suis pauvre, et les pauvres gens savent seuls apprécier les grandes douleurs. Je gagne ma vie comme domestique, dans une ferme voisine, chez de braves vieillards qui me regardent comme leur enfant. Ils n'avaient

qu'un fils : il a été tué au siége de Strasbourg; ils disent que je lui ressemble et ils m'aiment beaucoup. Vous viendrez avec moi chez eux, et vous verrez comme vous serez bien reçue. Les Strasbourgeois ont si bon cœur ! Ils vous donneront des nouvelles de votre père qui, peut-être, n'est pas mort.

— Ce bonheur ne m'est point réservé; je suis l'enfant de la douleur, une pauvre orpheline destinée à souffrir toute ma vie.

— Qu'en savez-vous? Probablement, un jour vous serez heureuse. Mais, dites-moi : comment avez-vous pu passer la nuit ici? il y a tant d'auberges pas chères, près de la gare.

— A quelque bon marché qu'elles soient, elles sont encore trop chères pour moi; et puis, je ne suis point arrivée en chemin de fer.

— Tiens! auriez-vous fait à pied le trajet de Bruxelles à Strasbourg?

— A peu près.

— Et pourquoi?

— Vous le devinez bien pourquoi; que voulez-vous que fasse une pauvre fille toute seule, sans ressource et chassée d'un pays?

— Vous avez été expulsée de la Belgique, où il y a tant de braves gens!

— Oui, les Belges sont de braves gens, et même de bien braves gens; mais il n'en est pas de certains personnages au pouvoir comme du peuple. La Belgique et la France, deux sœurs, du reste, voudraient marcher dans la voie du progrès; mais elles ont des maîtres qui les arrosent d'eau bénite, font avaler au pauvre peuple les indulgences qui ne nourrissent guère, et se gorgent, eux, des meilleurs morceaux que les ouvriers ne voient qu'à travers les fenêtres des boucheries.

Pendant que les prédicateurs de miracles recommandent aux autres l'eau de Lourdes qu'ils vendent fort cher, ils s'administrent les vins des meilleurs crus. J'ai été cruellement victime d'un de ces messieurs qui ont tout intérêt à ce que le peuple ne sache ni lire ni écrire, et ne pense que par leur cerveau indulgencié.

— Oui, l'Internationale noire, n'est-ce pas? Elle est autrement dangereuse que l'Internationale rouge, celle-là; mais, comme elle part d'en haut et que son but est d'abrutir les masses, non-seulement on ne l'arrête pas, mais encore on l'appuie par toutes les lois possibles, suivant ces paroles du Roi-Soleil au dey d'Alger : « Protégez la religion catholique, il n'en est point de meilleure pour mener les peuples. »

Il est évident qu'un peuple ignorant est un peuple docile, tandis qu'un peuple éclairé, qui ne va pas abrutir sa raison dans cette boîte étroite et obscure qu'on appelle confessionnal, veut faire lui-même ses propres affaires et ne les abandonne pas au caprice d'un individu qui, pour se distraire, ira, comme Napoléon Ier et Napoléon III, traîner la torche et l'incendie dans l'univers entier, faire tuer des milliers de soldats jusqu'au Mexique, dans l'unique but d'anéantir la grande République américaine, puis déclarer la guerre à la Prusse parce qu'elle est protestante.

Oh! les guerres! si elles font les affaires des impératrices qui cherchent à plaire aux papes, elles ne font pas les affaires des peuples qui, eux, cherchent à vivre fraternellement pour développer leurs relations commerciales et industrielles.

Tenez! avant cette fatale époque de 1870, il n'y avait pas de Rhin. Les Allemands, même les Prussiens, étaient nos amis; et comme ces derniers surtout ont bien plus besoin des Français que les Français n'ont besoin d'eux, puisque la Prusse est un pays de misère, la plus grande ville de l'Allemagne était Paris. Vous y entendiez presque autant parler allemand que français, et les meilleurs cireurs de bottes, les plus habiles ramoneurs venaient tous de Berlin. Mais aujourd'hui, par la sottise de Napoléon III et par la grâce de sa femme, comme le Rhin est devenu large et profond! Les cinq milliards retournent en France sans rendre la vie aux Allemands tués dans la guerre, ni les membres aux mutilés, et la Prusse devient encore plus pauvre qu'autrefois.

— Et notre chère Alsace-Lorraine?

— Eh bien! maintenant l'Alsace et la Lorraine ont non-seulement un Rhin, mais encore des Vosges. Dans leur isolement, elles tendent les mains vers la France par-dessus les montagnes, mais leurs produits, grâce aux douanes, ne peuvent plus, eux, franchir ces montagnes, ce qui fait le malheur et la ruine de nos riches contrées.

— Aussi ne doit-il plus guère y avoir de bonapartistes chez nous?

— Je n'en connais pas un seul; il n'y en a guère en France non plus, à part pourtant les intéressés, tels que moines, capucins, jésuites, chanoines, policiers, quelques magistrats, beaucoup de curés, même des vicaires, qui, tout en acceptant volontiers les appointements que leur donne la République, refusent non-seulement de la servir, mais encore cherchent à la renverser.

Ces messieurs, à l'eau de Lourdes s'imaginent qu'avec une République, le ciel croulera, tandis que l'empire est seul capable de maintenir les étoiles à une distance respectable les unes des autres. Tout cela est presque certifié par l'*Univers*, le *Pays* et le *Figaro* surtout, ce journal favori de ces demoiselles qui s'amusent la nuit et dorment le jour, tandis que nous autres pauvres domestiques, vous surtout, mademoiselle, nous n'avons guère le temps de rire.

— Oh! non, les larmes me sont échues en partage, et probablement pour le reste de mes jours.

— Il faut espérer qu'elles tariront pourtant; mais racontez-moi ce que vous a fait l'homme noir.

— Après la mort de ma pauvre mère, je me plaçai domestique chez les dignes fermiers d'un haut personnage très puissant dans le pays et très bien vu surtout, puisqu'il se confesse au provincial des jésuites de Bruxelles.

— Naturellement, il doit jouir d'une haute et légitime influence, non-seulement dans cette vie, mais encore dans l'autre.

— Aussi est-il devenu ministre par la grâce de Dieu et la volonté de l'archevêque de Malines.

— Cela se comprend, les Belges, nos amis, ayant autant de peine à se débarrasser de ce monde-là que nous autres Français.

— Ce pieux personnage me vit; j'étais jeune, et

j'avais, comme l'on dit, la beauté du diable.

— Oui, un joli diable, en effet ; mais continuez.

— Il dit à ses fermiers qu'il lui fallait une nouvelle servante, et que je ferais bien son affaire. A peine chez lui, il m'attacha à son service particulier pour faire sa chambre. Or, comme, malgré sa sévérité apparente, il me tint tout d'abord des propos peu convenables, je voulus m'en aller ; mais alors il usa de sa force : il est robuste, et je suis faible.

Au bout de quelque temps, s'apercevant que j'étais enceinte, il me mit à la porte en m'injuriant.

J'essayai bien de dire que tout mon malheur venait de lui ; mais que pouvais-je, pauvre fille, contre un personnage puissant qui va tous les jours à la messe ?

— Ce malheur, mademoiselle, vous est commun avec bien des servantes. Combien de maîtres en abusent pour les jeter ensuite dans la misère, dans le désespoir ! Et la société est pourrie de préjugés ; le déshonneur ne retombe jamais sur le misérable qui aura abusé d'une jeune fille ; il retombe de tout le poids de l'iniquité sur cette pauvre enfant qui aura subi la violence. Le criminel lève fièrement la tête ; il va joyeusement au tribunal de la pénitence, à la table sainte, et il proclame orgueilleusement : « Tout ce que je sais, tout ce que je suis, je le dois aux jésuites. » Puis sa victime sera condamnée, elle, à courber le front toute sa vie devant les préjugés de l'humanité ; elle sera méprisée, honnie, et l'enfant qui naîtra du crime de son séducteur, malgré ses qualités, malgré ses vertus, restera au ban de la société, qui le regardera avec dédain.

Voyez où nous en sommes! On est plein de déférence pour la grande dame qui, mariée légalement et religieusement, se prostituera à un amant et peut-être à deux ou trois dans l'absence de son mari. Si le public le sait, il rira du mari et saluera la femme; or, ce même public jettera la pierre à une malheureuse servante qui aura succombé à la force, à une pauvre ouvrière qui se sera laissé tromper par un riche séducteur.

Les enfants de la grande dame et de ses amants porteront le nom du mari de leur mère; la loi est formelle : *Is pater est quem nuptiæ demonstrant*. Ils auront donc un père.

Les enfants de la domestique et de l'ouvrière, eux, n'auront pas de père, et on les désignera par un nom outrageant; on n'osera pas les recevoir en société morale, et leur mère ne sera plus vue de personne.

Pire que cela encore. D'après nos lois, en France seulement, parce que dans tout le reste de l'Europe on est revenu de ce préjugé religieux, un mari qui laissera sa femme adultère ne pourra s'en séparer complétement; il ne pourra plus se remarier; s'il vit avec une autre femme, cette dernière ne devra être présentée nulle part; quelque honnête qu'elle soit, on ne la qualifiera que par des épithètes injurieuses; si de cette union naissent des enfants, eux aussi seront illégitimes; leur père réel ne pourra même pas les reconnaître, tandis qu'il sera forcé de reconnaître les enfants de sa femme adultère nés avant sa séparation légale.

Je voudrais bien que l'on me dise de quel père sont les enfants d'une femme adultère ?

Quant à l'opération du Saint-Esprit, vous n'y croyez pas plus que moi, sans doute.

Les enfants ne sont point, j'en conviens, responsables du crime de leur mère; mais quel est l'homme qui peut voir d'un œil satisfait des enfants qu'il sait ne pas venir de lui? Tout le monde n'a pas le caractère aussi bien fait qu'un grand saint du Paradis ou qu'un roi de Hollande et un petit empereur de France.

Légistes français, vous convenez que vous ne pouvez pas forcer un honnête homme de cohabiter avec une femme adultère, pas plus qu'une honnête femme avec un fripon, un voleur, un scélérat; mais là se borne votre bon vouloir, et si l'homme et la femme que vous avez séparés légalement veulent s'unir à d'autres, vous taxez leur union d'illégale et d'une épithète pire encore ; puis, le père qui sait que des enfants sont réellement de lui ne peut pas les reconnaître. Et pourtant vous obligez des gens honnêtes, hommes ou femmes, à ces liaisons que vous qualifiez injurieusement, et que les législations belge, anglaise, allemande, suisse, américaine, etc., etc., reconnaissent et légalisent pour le bonheur d'un honnête ménage et la tranquillité de la société.

Nous reviendrons sur ces importantes questions déjà débattues dans nos Chambres françaises et rejetées seulement par une faible majorité.

Oh! combien nous connaissons d'hommes qui seraient heureux de leur solution! Combien reculent devant le mariage légal, précisément à cause des immenses inconvénients et parfois des crimes qu'il entraîne ! Combien de maris tuent leurs femmes, ou de femmes leurs maris, parce qu'ils ne peuvent pas se séparer absolument, ni convoler à d'autres unions !

Combien de gens préfèrent l'union libre, parce qu'elle entraîne la séparation libre et sans crime ! Or, ceux-là sont les mal vus de la société. On se dit tout bas, en les désignant avec mépris : « Ils vivent honnêtement ensemble ; ils sont très heureux, il est vrai, mais ils ne sont pas mariés. »

Et vous, MM. les mariés, êtes-vous réellement toujours très heureux? Vous avez payé bien cher M. le curé de votre paroisse pour vous marier; combien lui donneriez-vous pour vous démarier?

« Rien ne ressemble tant à l'erreur, a écrit J.-J. Rousseau dans son *Contrat social*, que la vérité opposée aux préjugés. »

« Toute vérité nouvelle, ajoute Proudhon, produit sur certains esprits l'effet d'un spectre. »

Pour moi, Mademoiselle, qui n'ai ni les préjugés des cultes et des législations reculées, vous êtes tout aussi estimable après votre malheur qu'avant ; je n'ai de mépris que pour votre séducteur, quelque grand et dévot personnage qu'il soit. Ce n'est pas les volés, ni les assassinés que je poursuis de ma haine, mais bien les voleurs et les assassins; or, le misérable qui séduit une pauvre fille par la ruse ou par la violence et l'abandonne ensuite à son malheur, est plus malhonnête et plus coupable à mes yeux qu'un coupeur de bourses ou qu'un détrousseur de grands chemins. La perte de l'argent se répare, la perte de l'honneur est irréparable. Poursuivez, je vous prie : que fîtes-vous ensuite ?

— Deux pauvres ouvrières comme moi réussirent à me trouver du travail de confection, et je m'en fus loger avec elles dans un grenier de 8 francs par mois. Tous nos meubles, si l'on peut appeler cela des meubles, se composaient de deux paillasses par terre et de trois mauvaises caisses pour mettre notre linge.

— Et combien gagniez-vous à la confection ?

— Un franc par jour en moyenne.

— Et encore, mademoiselle, vous n'aviez peut-être pas toujours du travail à 1 franc, parce qu'il faut tenir compte du chômage, des mortes-saisons, en un mot de l'excès de la production sur la consommation ?

— Oh! non, je n'avais pas toujours du travail de confection ; lorsqu'il me manquait, j'allais laver des appartements à 1 fr. 50 par jour.

— Laver des appartements ! Pour une femme enceinte, quel travail ! mais c'était votre mort, la mort de votre enfant !

— Ce qui est arrivé, en effet ; un jour, je n'en pouvais plus d'excès de fatigue ; je me traînai à grand'peine dans mon grenier ; je me jetai sur ma paillasse ; les grosses douleurs me saisirent, et mon enfant naquit. Mes deux camarades m'aidèrent, me soignèrent comme elles purent, me présentèrent ce pauvre petit être qui ne vécut que quelques instants. J'essayai avec elles de le retenir à la vie, tout fut inutile ; il était venu avant terme et ne pouvait pas vivre, dit un médecin que l'on avait appelé.

Je poussai alors des cris déchirants, des hurlements; j'adorais cet enfant, bien qu'il ne fût que le produit de la violence et du crime, je le pressais sur mon cœur, j'aurais voulu lui pouvoir donner une deuxième existence. Ah! qu'il était beau cet enfant! une jolie fille aux cheveux blonds, aux yeux bleus, avec une toute petite bouche. Déjà, je l'appelais par mon nom : Louise-Blanche. Ma pauvre Louise-Blanche! non, elle ne s'effacera jamais de mon souvenir.

— Mère admirable! que vous advint-il alors?

— Le bruit de mon malheur se répandit vite, et le nom de l'auteur de mes souffrances et de la mort de son enfant fut prononcé avec indignation par toutes les bouches; alors la police m'ordonna de partir; ma Louise-Blanche fut déposée dans la tombe de sa grand'mère. Je me rendis, aussitôt que je le pus, dire un dernier adieu à leurs restes adorés; quelques personnes charitables de Bruxelles, entr'autres le député Demeur, homme profondément honnête, me donnèrent un peu d'argent, ce qui me permit de me rétablir et de me mettre en route. Sans cela, je serais morte de faim et de misère. Cette petite somme épuisée, je me dirigeai à pied, et en mendiant de ferme en ferme, vers Strasbourg, où je pensais rencontrer encore au moins quelques parents et amis, lorsque je ne vois partout que des ruines.

— Dites-moi le nom de votre père, je pourrai vous aider dans vos recherches.

— Théophile Arbeitmann.

— Mais c'est le nom de mon maître.

— Antoine Arbeitmann peut-être?

— Précisément.

— C'est mon oncle.

— Oh! qu'il sera heureux de vous revoir. Allons vite à la ferme.

Du plus loin qu'il aperçut sa nièce, Arbeitmann la reconnut malgré sa pâleur et sa maigreur extrême.

— Chère enfant, lui dit-il, enfin tu nous restes seule dans notre famille; la guerre a moissonné tous les nôtres.

— Ah! mon oncle, la tombe de mon père où est-elle?

— Viens la voir, fille adorable, et sois fière de ton père. Théophile est mort pour la France, en Alsacien, sur les remparts de Strasbourg. Voici où il repose.

Et tous deux se précipitèrent en fondant en larmes sur un petit tertre qui abrite les restes héroïques d'un soldat français mort au champ d'honneur.

— Relève-toi, ma Louise-Blanche, dit Antoine, tu n'es plus orpheline, tu retrouves en moi un père, et tu es enfant de l'Alsace, enfant de la France; vis heureuse.

— Oui, mon oncle, je suis Alsacienne, et comme mon père me l'a dit, je vivrai pour la France, mais pour la France républicaine.

RIGOLBOCHE,
Poste-restante, à Paris.

Paris. — Imp. Nouv. (assoc. ouv. 14, r. des Jeûneurs.
G. Masquin, directeur.

AVIS AUX LECTEURS
ET MÊME AUX CURIEUX

Le sieur Rigault-Joly, natuliste paroissien de son vivant, bal pour, a le précieuse de police, relate de confessionnal, quelqu'il y a lieu de croire depuis plus je dis une cinquante, sans le règle de Dieu ni l'approbation du Saint-siège, a édité un livre, ou, a brochure, dans lequel il ne désigne ni l'année, mois, ni la paroisse, ni la pligure de l'État.

Tous ceux et celles qui se laissa pencle à et de l'ourdaes et ce sont p'en pèlerinage, j'espere complète pour 10 taille.

Pour 16 francs seulement, on pourra chez Riconcerne, samarcu à règnes du bey de le gérard de lac, de propose, ou nue chaire et retable, de encore vedrose, ou dans chamore'e prochaine dite de me crains les hoas et continuera les que sera de lai angels, et les hoha les sa capacité qué.

.... de Péchalais-Alon dos jours du lors et avec, apples cliente-a-ca, qui p-qo-sum son p-soulemorts, dios rester du droite, dans laquelle des p-chamos da condan, on souhaite, 28 cornielces, que.

... d'autre la nuamn-sum d'alomn aux ségellss.

..... ma consril du Dieu-hors... l'auto ....
.... Grade un chique, Algou-sucss, Algoulou-ses, voue surrouté, à l'eaka, et conformont-a-se coy (Devant l'À l'échelle.)

....

AVIS AUX LECTEURS
ET MÊME AUX LECTRICES

Le citoyen **Rigolboche**, mauvais garnement en son vivant, mal noté à la préfecture de police et même au confessionnal, puisqu'il n'a pu faire ses pâques depuis plus de dix ans, entreprend, sans la grâce de Dieu ni l'approbation du Saint-Siège, de publier un livre, en 40 fascicules, dans lequel il ne pétrolera ni l'ordre moral, ni la propriété, ni la religion de l'État.

Tous ceux et celles qui ne boivent pas de l'eau de Lourdes et ne vont pas en pèlerinage, pourront y souscrire pour 10 balles.

Pour 10 ronds seulement, ce pauvre vieux Rigolboche, camarade d'enfance du bon père jésuite du Lac, se propose, tout en disant et révélant des choses sérieuses, en riant, d'amuser pendant plus de dix ans les bonnes d'enfants, les cochers de fiacre en retraite et les militaires en convalescence.

Les fascicules, sous des titres divers et sur des sujets différents, dont quelques-uns même pourront faire pleurer de tendresse, jusqu'à des gendarmes enrhumés, se vendront **25 centimes**, chez les libraires et marchands de journaux républicains.

Pour souscription à l'ouvrage entier, adresser **10 francs au citoyen Rigolboche, poste restante, à Paris**, et l'on recevra successivement *franco* les 40 fascicules.

Paris. — Imp. Nouvelle (ass. ouvrière), 14, rue des Jeûneurs. — Masquin, direct.

www.ingramcontent.com/pod-product-compliance
Lightning Source LLC
Chambersburg PA
CBHW061525040426
42450CB00008B/1800